yukismart.com/b/6a7b76

AF365372

manzana

яблуко

iabluko

plátano

банан

banan

pera

груша

hrusha

cereza

вишня

vyshnia

lima

лайм

laim

limón

лимон

lymon

membrillo

айва

aiva

kiwi

ківі

kivi

uvas
виноград
vynohrad

sandía
кавун
kavun

naranja

апельсин

apelsyn

clementina

клементин

klementyn

fresa

полуниця

polunytsia

frambuesa

малина

malyna

arándano

журавлина

zhuravlyna

arándano

чорниця

chornytsia

grosella

смородина

smorodyna

mora

ожина

ozhyna

zumo

сік

sik

mermelada

варення

varennia

tostada

тост

tost

pomelo

грейпфрут

hreipfrut

melón

диня

dynia

pomelo

помело

pomelo

naranja china

кумкват

kumkvat

ciruela mirabel

мірабель

mirabel

melocotón

персик

persyk

albaricoque

абрикос

abrykos

ciruela

слива

slyva

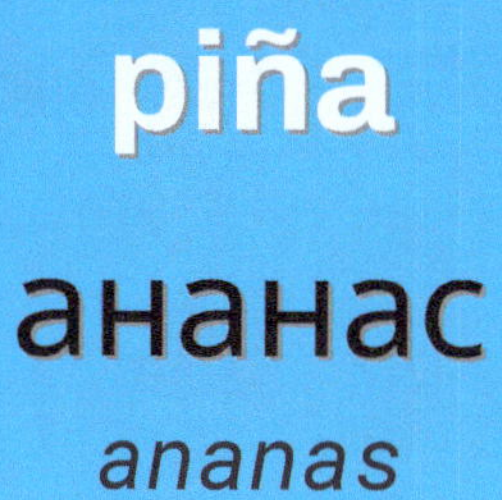

piña

ананас

ananas

granada

гранат

hranat

aceituna

оливка

olyvka

higo

інжир

inzhyr

dátil

фінік

finik

aguacate

авокадо

avokado

lichi

лічі

lichi

caqui

хурма

khurma

carambola

карамболь

karambol

mango

манго

manho

rambután

рамбутан

rambutan

longuián

лонган

lonhan

lanzón

лангсат

lanhsat

mangostino

мангостан

manhostan

джекфрут

dzhekfrut

саподіла

sapodila

guayaba

гуава

huava

jujube

ююба

iuiuba

durián

дуріан

durian

guanábana

соу-сеп

sou-sep

papaya

папайя

papaiia

fruta del dragón

пітая

pitaia

coco

кокосовий горіх

kokosovyi horikh

cacao

какао

kakao

chocolate

шоколад

shokolad

patata

картопля

kartoplia

maíz

кукурудза

kukurudza

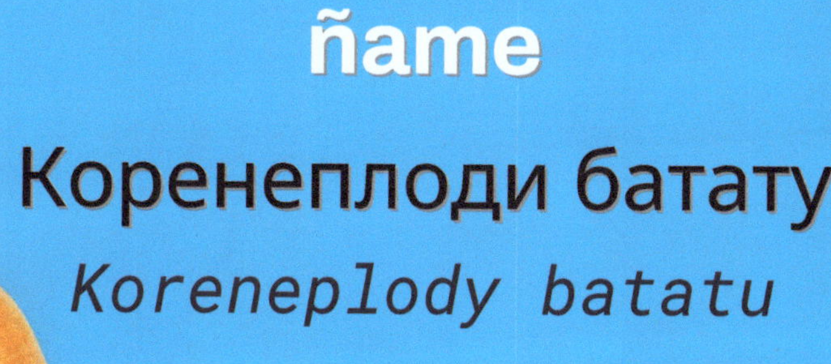

ñame

Коренеплоди батату

Koreneplody batatu

calabaza

гарбуз

harbuz

calabaza

гарбуз мускатний

harbuz muskatnyi

mandioca

маніок

maniok

zanahoria
морква
morkva

tomate
помідор
pomidor

seta
гриб
hryb

brócoli
броколі
brokoli

espárragos
спаржа
sparzha

alcachofa
артишок
artyshok

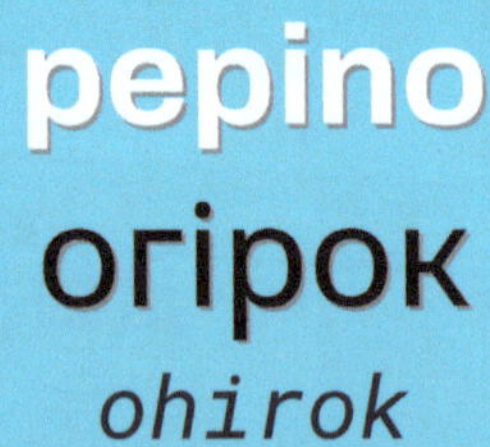

pepino
огірок
ohirok

espinacas

шпинат

shpynat

coliflor

цвітна капуста

tsvitna kapusta

calabacín

Кабачок-цукіні

Kabachok-tsukini

lechuga

салат-латук

salat-latuk

repollo

капуста

kapusta

berenjena
баклажан
baklazhan

nabo
ріпа
ripa

rábano
редиска
redyska

remolacha

буряк

buriak

ruibarbo

ревінь

revin

coles de Bruselas

Брюссельська капуста

Briusselska kapusta

puerro

цибуля-порей

tsybulia-porei

menta

м'ята

m'iata

apio nabo

корінь селери

korin selery

endivia

цикорій салатний

tsykorii salatnyi

apio

селера

selera

guisantes

горошинки

horoshynky

garbanzos

нут

nut

judía verde

стручкова квасоля

struchkova kvasolia

frijol rojo

червона квасоля

chervona kvasolia

brotes de soja

паростки квасолі мунго

parostky kvasoli munho

hinojo

фенхель

fenkhel

chirivía

пастернак

pasternak

pimiento

болгарський перець

bolharskyi perets

chile

перець чилі

perets chyli

pimienta

перець

perets

cebolla

цибуля

tsybulia

ajo

часник

chasnyk

jengibre

імбир

imbyr

nueces de macadamia

макадамія

makadamiia

nueces de pecán

горіхи пекан

horikhy pekan

anacardo

кеш'ю

kesh'iu

avellanas

фундук

funduk

almendra

мигдаль

myhdal

pistacho

фісташки

fistashky

cacahuete

арахіс

arakhis

castaña

каштан

kashtan

nueces

волоські горіхи

voloski horikhy